Marie Laville

Nous, les enfants de 1949

De la naissance à l'âge adulte

Éditions Wartberg

Mentions légales

Crédits photographiques :

Archives personnelles de l'auteure, p. 4, 6, 8, 10, 12-14, 16, 19, 21, 23-26, 28-31, 36-38, 40-44, 46, 52, 56, 58h, 62, 63b.
© Picture-alliance / akg-images / Paul Almasy, p. 53.
© Ullstein bild, p. 7, 22, 27, 32, 34-35, 49 ; Ullstein bild – Interpress Paris (L), p. 5 ;
Ullstein bild – KPA, p. 9 ; Ullstein bild – dpa, p. 15, 50 ;
Ullstein bild – AKG Pressebild, p. 45 ; Ullstein bild – Timm(L), p. 48 ;
Ullstein bild – united archives, p. 54, 60 ; Ullstein bild – Bildarchiv, p. 61g ;
Ullstein bild – Klaus Rose, p. 61d ; Ullstein bild – Dietrich, p. 63h.
© Roger-Viollet, p. 18, 20, 55, 57, 59 ; LAPI / Roger-Viollet, p. 11 ;
Henri Martinie / Roger-Viollet, p. 17 ; Studio Lipnitzki / Roger-Viollet, p. 39, 58 ;
Noa / Roger-Viollet, p. 47.

Nous remercions tous les ayants droit pour leur aimable autorisation de reproduction.
Dans le cas où l'un d'eux n'aurait pu être joint, une provision de droits est prévue.

12e édition, 2015

© Éditions Wartberg

Un département de
Wartberg Verlag GmbH & Co. KG.
Im Wiesental 1
34281 Gudensberg-Gleichen
Allemagne

Tous droits réservés pour tous pays.

Conception graphique : Ravenstein & partenaires, Verden.
Imprimé en Allemagne par Thiele & Schwarz, Kassel.

ISBN : 978-3-8313-2549-8

Préface

Chers enfants de 1949,

Naître en 1949, l'année des premiers pas de l'unification européenne, l'année où, quatre ans après la fin de la guerre, les tickets de rationnement disparaissent enfin, c'est naître dans une période de bouleversements et de transformations comme la France n'en avait sans doute jamais connue d'aussi rapide. Enfant du baby-boom née à la campagne dans une importante fratrie, je vais accompagner, sans en être bien consciente naturellement, la disparition progressive des communautés rurales, les soubresauts des guerres d'Indochine et d'Algérie, et je serai aux premières loges de l'explosion de 1968. Se replonger dans ces années, c'est aussi faire sans cesse le grand écart entre la petite histoire, ô combien essentielle et formatrice, composée de ces mille détails enfouis du quotidien qu'on ne ressaisit parfois qu'à travers la mémoire des autres, des aînés – et la grande histoire, souvent sanglante, celle du corps expéditionnaire français dans cette cuvette au nom imprononçable de Diên Biên Phu, ou celle d'un président américain qui faisait rêver les foules, assassiné un jour de novembre à Dallas. On ressaisit alors rétrospectivement tous ces épisodes, aussi bien collectifs que personnels, ces pratiques et ces aspirations qui dessinent les traits d'une génération…

Marie Laville

L'Empire, l'Europe et moi et moi et moi

1949–1951

Naître parmi tant d'autres, ça blase.

Naître dans l'immédiat après-guerre

La fin de la guerre et de ses privations est encore toute proche, mais les Français ont repris espoir, et les conditions de vie s'améliorent progressivement. Les tickets de rationnement et le Haut Commissariat au ravitaillement sont

Chronologie

Mars 1949
Le Haut Commissariat au ravitaillement est supprimé, ainsi que les tickets de rationnement. C'est la fin de neuf années de restrictions.

4 avril 1949
Signature du pacte de l'Atlantique Nord et création de l'OTAN.

8 mai 1949
La loi fondamentale de la République fédérale d'Allemagne est proclamée. La division entre les deux Allemagnes est entérinée.

28 octobre 1949
Marcel Cerdan, champion de boxe très populaire, meurt dans un accident d'avion.

30 mars 1950
Mort de Léon Blum, l'homme du Front Populaire, déporté à Buchenwald par les nazis.

31 mars 1950
La vaccination du BCG devient obligatoire à l'âge de six ans.

7 octobre 1950
L'armée chinoise entre au Tibet.

25 octobre 1950
René Pleven propose la création d'une armée européenne. Son projet de communauté européenne de la défense va échouer au Parlement, devant la double opposition des gaullistes et des communistes.

Novembre 1950
Le service militaire est porté à dix-huit mois « en raison de la tension internationale ». La crainte d'une troisième guerre mondiale est dans tous les esprits.

Janvier 1951
Les langues régionales (breton, catalan, corse, alsacien) sont reconnues par la loi.

Avril 1951
Le traité de Paris instituant la Communauté européenne du charbon et de l'acier est signé.

24 novembre 1951
Départ du commandant Cousteau et de son équipage pour leur premier voyage à bord de la *Calypso*.

Vincent Auriol, président de la République française, en 1932.

enfin supprimés, et on entre très progressivement dans ce qu'on appellera plus tard les « Trente Glorieuses », une période de prospérité économique marquée par la croissance de l'économie et le plein-emploi.

La IVe République est en place depuis fin 1946, et elle est déjà marquée par une très forte instabilité. Les gouvernements doivent s'assurer une majorité étriquée, prise entre les deux blocs inconciliables de l'opposition formée par le PCF et le RPF. Le premier est encore très puissant : auréolé de son engagement dans la Résistance,

Bain de soleil.

c'est le parti des « 75 000 fusillés ». Dans ce contexte de guerre froide naissante, de tensions entre l'URSS et les États-Unis, les ministres communistes sont exclus du gouvernement en 1947. Il faudra attendre l'élection de Mitterrand, presque quarante ans plus tard, pour que des communistes soient à nouveau associés au pouvoir national. De son côté, de Gaulle, président du RPF, appelle de ses vœux une nouvelle République dotée de pouvoirs présidentiels accrus, qui permettraient au chef de l'État de se placer au-dessus des partis. Accusant les communistes d'être le cheval de Troie des Soviétiques, et de Gaulle de bonapartisme, la troisième force dispose d'une marge de manœuvre très étroite.

La France a accepté le plan Marshall – un crédit de plusieurs milliards de dollars proposé par les États-Unis aux États européens pour permettre leur reconstruction, et offrir ainsi un débouché aux produits américains. La télévision est encore rarissime dans les foyers (à peine quelques milliers de postes dans toute la France !), mais au seuil de l'année 1949, le président de la République, Vincent Auriol, y présente ses vœux avec un sérieux imperturbable, dans un décor sobre et avec son plus bel accent gascon. Il salue la « chance magnifique » offerte par le plan américain, encourage à « produire chaque jour davantage, à créer cette communauté prospère qui doit être capable, dans deux ans, de se suffire à elle-même et de retrouver bien-être et joie ». Il ne

De Gaulle, le héros de la Libération, a quitté le pouvoir en 1946 et attend son heure.

manque pas non plus d'évoquer la « France d'outre-mer », mais c'est précisément de ce côté que la métropole va connaître ses pires déconvenues dans les années à venir. La France n'a pas encore accepté de perdre son statut de grande puissance, et ce n'est qu'au terme de guerres sanglantes, en Indochine et en Algérie, qu'elle abandonnera son empire.

Mais pour le moment, je n'ai pas une vision très précise de tout ceci ! Je suis la benjamine d'une fratrie de neuf (cinq filles et quatre garçons), une enfant du baby-boom…

À la différence du phénomène éphémère qui avait suivi la fin de la première guerre mondiale en 1919, ce baby-boom s'étendra sur près de trente ans, de 1946 à 1974. En 1949, le nombre annuel de naissances approche les 860 000. L'indice de fécondité est de 2,6 enfants par femme. L'âge moyen des mères à l'accouchement est de vingt-huit ans, et celui des pères de trente-et-un ans. À la Libération, on assiste aussi à un boom des mariages, lié au « rattrapage » d'unions différées pendant la guerre, mais aussi à la régularisation de nombreuses situations de fait.

C'est la baisse progressive de la mortalité infantile (encore très élevée en 1945, en raison des conditions désastreuses d'alimentation, de logement et de chauffage) qui va consolider la hausse rapide de la population. L'État a imposé depuis 1946 trois visites médicales avant l'accouchement, condition pour bénéficier des allocations prévues. D'autres visites sont instituées pour le nouveau-né, et on incite les parents à tenir pour chaque enfant un carnet de santé.

Mes parents, pour éviter des grossesses trop nombreuses ou trop rapprochées, utilisaient comme mode de limitation des naissances la méthode Ogino Knaus, qui consiste à observer tous les mois une période d'abstinence, calculée grâce à la date présumée d'ovulation, donc de fécondabilité. Nous connaissons le taux d'échec important de cette méthode (de l'ordre de 30 %) : mes parents souhaitaient de toute évidence une famille nombreuse. Plusieurs éléments sont probablement intervenus dans ce choix. Ils étaient imprégnés de culture catholique et leur religion leur enseignait de mettre au monde de nombreux enfants – en 1930, Pie XI, dans l'encyclique *Casti Connubii*, condamnait encore sans appel l'acte sexuel sans procréation. D'autre part, l'Église catholique ne désapprouvait pas la méthode Ogino, qu'elle autorisera même officiellement en 1951. Enfin, la connaissance des moyens anticonceptionnels était très limitée ; et la politique nataliste amorcée entre les deux guerres a été renforcée dès 1942 par le régime de Vichy, qui considérait que la place des femmes était au foyer.

Les familles (très) nombreuses sont fréquentes.

Simone de Beauvoir.

Une grande hypocrisie régnait en ce qui concerne les avortements : la police se gardait de traquer les avorteuses et la justice de les condamner selon la loi de 1920. Dès 1945, des « maternités clandestines » pratiquant l'avortement fonctionnaient à Paris. Il faudra pourtant attendre le « Manifeste des 343 » en avril 1971, où des femmes célèbres déclaraient avoir avorté, pour que la situation commence à changer.

Si les accouchements des aînés ont eu lieu à domicile avec l'aide du médecin de famille, les deux derniers se sont déroulés à la maternité de l'hôpital le plus proche. En 1940, seule la moitié des femmes accouchaient à l'hôpital en milieu rural, contre 75 % en milieu urbain.

Auparavant, l'immense majorité des femmes accouchaient chez elles, et ce n'est que progressivement que la maternité est devenu le lieu normal de la naissance. Même s'il n'est pas prouvé que les accouchements à l'hôpital aient fait diminuer de façon significative les taux de mortalité maternelle et périnatale, les accouchements à domicile n'étaient pas sans risque, notamment dans le cas de grossesses multiples.

Il faudra attendre le début des années cinquante pour que les travaux de Pavlov, un pionnier de l'éthologie, soient exploités dans le cadre de l'accouchement dit « sans douleur ». Le docteur Lamaze importe cette méthode en France, à la clinique des Bluets (Paris). En 1956, le verdict de Pie XII tombe : « Ces bienfaits pour la parturiente sont pleinement conformes avec la volonté du Créateur. »

La poussette, on n'en est pas peu fier.

Ma mère a allaité tous ses enfants les premiers mois. Catholique fervente, elle incarnait l'idéal de la mère au foyer, entièrement consacrée à ses enfants. C'est précisément ce modèle que le courant féministe, emmené par Simone de Beauvoir, va s'attacher à remettre en cause. 1949 est l'année de parution du *Deuxième Sexe*, qui dénonce l'esclavage de la maternité et tout particulièrement de l'allaitement. Dès sa sortie, le livre fait bruyamment parler de lui : Simone de Beauvoir met sérieusement à mal quelques-uns des consensus sacrés de son temps.

En effet, depuis les années trente, une politique familiale et nataliste d'une ampleur jamais égalée se construit patiemment en France. Les allocations familiales, l'allocation de salaire unique, les prêts au mariage, le quotient familial et une myriade d'autres mesures tentent de redresser une courbe de natalité durablement effondrée. Le baby-boom n'apaise pas toutes les craintes et renforce encore l'idéal de la mère au foyer, à la tête d'une famille qu'on espère nombreuse. De la gauche communiste à la droite, l'idéologie nataliste règne en maître sans contestation aucune – et voilà que Beauvoir met en miettes toute cette belle mythologie de la maternité. Elle commence son chapitre « La Mère » par un plaidoyer de quinze pages en faveur de la légalisation de l'avortement, remet en cause l'existence de l'instinct maternel et dévalorise la maternité qui, selon elle, aliène les femmes. Les chapitres « L'Initiation sexuelle » et « La Lesbienne » attirent tout autant les foudres d'une société puritaine encore bien loin d'envisager l'instauration de cours d'éducation sexuelle.

Vendu à plus de vingt mille exemplaires dès la première semaine, rapidement traduit, *Le Deuxième Sexe* touchera des millions de lectrices occidentales. Les débuts du livre ne laissent pourtant pas augurer cette immense adhésion féminine : peu de voix de femmes participent à la cacophonie qui accueille sa sortie, et tandis que de célèbres éditorialistes masculins prennent position, les associations féminines – catholiques, féministes ou communistes – restent soigneusement à l'écart de la polémique.

Marcel Cerdan en 1942.

*27 octobre 1949 :
la mort de Marcel Cerdan*

*Le 27 octobre 1949, un avion Lockheed Constellation assurant la ligne Paris-New York s'écrase sur l'île Sao Miguel. Il n'y a aucun survivant, et le boxeur Marcel Cerdan fait partie des victimes. Il avait trente-trois ans. Il était devenu un héros national après avoir battu à Milan, à quelques mois du déclenchement de la seconde guerre mondiale, le champion d'Europe italien soutenu par plusieurs milliers de chemises noires. Il réitère ce triomphe en 1942 contre José Ferrer, arrivé en effectuant le salut nazi. Le KO que Cerdan lui inflige en 83 secondes déclenche le délire des Parisiens, qui vivent sous l'Occupation depuis deux ans. Mais c'est son combat contre Tony Zale aux États-Unis en 1948 qui le fait entrer dans le panthéon des sportifs français : il décroche le titre mondial, le ravissant aux Américains pour la première fois depuis 1891.
Le jour du drame, il s'envolait vers les États-Unis pour prendre sa revanche sur Jack La Motta, devenu champion du monde en juin 1949. Sa mort tragique et son histoire d'amour avec Édith Piaf ont contribué à construire la légende de celui qu'on avait surnommé le « bombardier marocain ».*

De 0 à 2 ans

L'univers de l'enfance

Les vêtements et le matériel de puériculture passaient d'enfant à enfant après avoir subi quelques menues réparations. À peine sortis d'une économie de guerre, après les multiples privations et l'impérieuse nécessité d'éviter le gaspillage, nous avions tous pris le pli : on réparait, raccommodait, récupérait… Et j'ai toujours connu au sein de ma famille cette façon d'appréhender les objets usuels.

   Les rapports enfants / parents ont considérablement changé dans les années cinquante et soixante. Ces années-là, la règle d'or était encore qu'il ne fallait pas « gâter » les enfants – et la polysémie du mot en dit long. Les jouets étaient rares et offerts à date fixe. Dans ma petite enfance, je ne me souviens pas de jouets que j'aurais possédés. Sans doute quelques poupées de chiffon

Dans les grandes familles, les plus grands s'occupent des plus petits.

appartenant à mes sœurs aînées ou confectionnées par ma mère… Il y avait tant de monde pour s'occuper de moi, me prendre dans les bras ou sur les genoux, me chanter des comptines ou des berceuses (*Dodo, l'enfant do* ; *Dors mon p'tit quinquin* ; *Une poule sur un mur* ; *Au clair de la lune*…), j'étais sollicitée par tant de choses que ma curiosité était toujours en éveil. Mes sœurs aînées s'occupaient de moi comme d'une poupée : c'est ainsi que je n'ai pas eu besoin d'aller à la crèche ou à l'école maternelle, ni d'avoir une nourrice.

Qu'est-ce qu'on se marre !

La naissance de la RFA et la proclamation de la Loi fondamentale

Peu de temps après la fin du blocus de Berlin-Ouest par les Soviétiques et du pont aérien américain qui a duré presque un an, la Loi fondamentale de la République fédérale d'Allemagne est proclamée le 23 mai 1949. Cette République est constituée des trois anciennes zones d'occupation anglaise, américaine et française. La division entre la RFA et la zone d'occupation soviétique (la future RDA) est entérinée.

Le texte de la Loi fondamentale est très marqué par le contexte historique au sortir de la guerre. Les partis politiques, qui n'étaient pas mentionnés dans la Constitution de Weimar et dont l'interdiction a été facile à mettre en place en 1933, sont par exemple décrits avec beaucoup de soin.

Mais l'héritage le plus connu en est la clause d'éternité de l'article 79 alinéa 3, qui interdit toute modification de la Loi fondamentale touchant aux principes des articles 1 (dignité de l'être humain, caractère obligatoire des droits fondamentaux) et 20 (fondements de l'ordre étatique, droit de résistance) et toute atteinte au principe d'une organisation fédérale du pays.

Dans les années à venir, fortement ancrée au bloc occidental par le plan Marshall et les premières étapes de l'intégration européenne, la RFA connaîtra un redressement spectaculaire qu'on qualifiera de « miracle économique ».

De 0 à 2 ans

Le mariage religieux est quasiment une règle dans les campagnes.

Les mutations du monde rural

Mon père était diplômé en mécanique et ma mère avait appris le dessin après son certificat d'études. C'était la meilleure du canton et elle aurait pu prétendre à des études supérieures, mais sa mère en avait décidé autrement. Avant son mariage, elle travaillait dans un atelier de couture à Paris comme styliste, ce qui lui a donné une culture urbaine et le goût de la vie parisienne.

Mon père a exercé de nombreux métiers : marchand de volailles, mécanicien (entretien de matériel agricole), artisan, transporteur… La seconde guerre mondiale avait bouleversé les emplois et leur stabilité : effort de guerre, redéfinition des besoins, diminution de la population active… Certains emplois ont disparu, remplacés par d'autres.

Ces années-là, sans effet d'annonce ni roulement de tambour, le monde rural connaissait une profonde mutation, marquée par la modernisation des moyens de production, la mécanisation et une diminution de la part des paysans dans la population active.

Sans l'aide financière de leurs parents, sans l'entraide familiale pour les charges domestiques, mon père et ma mère n'auraient pas pu faire face aux besoins essentiels d'une famille nombreuse. Précédées de nombreuses initiatives patronales, les allocations familiales ont été créées en 1932, avec obligation faite à tous les employeurs d'adhérer à une caisse de compensation. Les bénéficiaires étaient donc des salariés. Mon père, ayant eu successivement le statut de commerçant, d'artisan et de salarié agricole, n'en a pas bénéficié.

Il en a été de même pour la Sécurité sociale, qui a coordonné et développé la politique de la santé dès 1945. Le principe qui a présidé à sa création est que tout citoyen doit être protégé contre les risques sociaux (maladie, vieillesse, accidents du travail, maladies professionnelles…).

Malgré nos peu de moyens, mes parents employaient à temps partiel des personnes spécialisées dans diverses tâches domestiques : une laveuse, une repasseuse, une couturière et une femme de ménage. Elles faisaient partie de notre « tribu » et étaient invitées à nos fêtes familiales.

Konrad Adenauer, chancelier allemand, lors de la signature du traité constitutif de la CECA.

Le traité de Paris : la naissance de la Communauté européenne du charbon et de l'acier

Garantir la paix par la construction européenne : quel meilleur moyen de servir ce projet que de mettre en commun ce qui alors était le nerf de la guerre, le charbon et l'acier ?
Signé à Paris le 18 avril 1951, le traité instituant la Communauté européenne du charbon et de l'acier (CECA) est conclu pour cinquante ans. Les six pays signataires, la RFA, la France, l'Italie et les trois pays du Benelux, s'accordent pour mettre en œuvre une forme de coopération internationale inédite.

Le 9 mai 1950, le ministre des Affaires étrangères, Robert Schuman, proposait au nom du gouvernement français d'unifier les productions de charbon et d'acier sous une haute autorité commune. Rédigé par Jean Monnet, le texte présentait un processus lent et une action immédiate spectaculaire. « L'Europe ne se fera pas d'un coup, ni dans une construction d'ensemble ; elle se fera par des réalisations concrètes – créant d'abord une solidarité de fait. »
Le plan Schuman vise avant tout à désamorcer la rivalité franco-allemande : la solidarité de production rend impensable et matériellement impossible une guerre entre les anciens ennemis. La construction européenne est en marche !

Des jeux...
et beaucoup
de questions

L'ascenseur social n'est encore qu'une échelle en bois.

Des années de bouleversements, publics… et privés

Dans les années cinquante, la France se remet à peine de la période de reconstruction (elle touche presque le quart des aides du plan Marshall) et de la difficile mise en place d'une nouvelle République. Elle doit pourtant faire face à une série de bouleversements, et surtout à la dislocation de son empire colonial. Les Français prennent très progressivement conscience du fait qu'ils ne sont plus le phare de l'humanité apportant aux lointains sauvages les bienfaits de leur haute science. Il faudra pourtant plusieurs guerres sanglantes (Indochine, Algérie), des centaines de milliers de vies brisées, des empoignades féroces à la Chambre et le courage de quelques rares hommes politiques lucides (Pierre Mendès France entre autres) pour que les mentalités évoluent.

Chronologie

6 mars 1952
Investiture du gouvernement d'Antoine Pinay, industriel à Saint-Chamond, qui rassure de nombreux Français.

1er juillet 1952
Emprisonné pour l'affaire des pigeons susceptibles d'envoyer des messages en direction des pays de l'Est et suspecté d'espionnage, le dirigeant communiste Jacques Duclos est libéré.

5 août 1952
Assassinat des époux Drummond et de leur fille près de la ferme des Dominici. Quinze mois après, Clovis et Gustave Dominici dénoncent leur père Gaston comme étant l'auteur de ces crimes.

1er novembre 1952
Les États-Unis font exploser la première bombe H.

21 février 1953
Deux jeunes chercheurs anglo-saxons, James Watson et Francis Crick, découvrent la structure de l'ADN.

5 mars 1953
La mort de Staline annonce un dégel dans le bloc soviétique.

10 décembre 1953
Albert Schweitzer reçoit le prix Nobel de la paix.

7 mai 1954
Défaite et capitulation française à Diên Biên Phu en Indochine, qui marque la fin de la présence française.

20 juillet 1954
Fin de la guerre d'Indochine, et signature des accords de paix de Genève.

31 juillet 1954
Pierre Mendès France prononce le discours de Carthage sur l'acceptation de l'autonomie de la Tunisie.

13 novembre 1954
Décrets limitant le régime des bouilleurs de crus, visant à lutter contre l'alcoolisme.

30 décembre 1954
L'Assemblée vote la confiance au gouvernement sur le projet de loi autorisant le réarmement de l'Allemagne fédérale et la création d'un Conseil de l'Europe occidentale.

Jacques Duclos, un des principaux dirigeants du PCF.

Le pays est traversé par de nombreuses lignes de fracture : ville et campagnes, partisans et opposants de l'Algérie française, catholiques et athées… C'est pourtant la lutte contre le communisme qui structure largement la vie politique et sociale. Aux États-Unis, les époux Rosenberg, accusés d'espionnage, sont exécutés. Dans un registre presque tragi-comique, le dirigeant communiste Jacques Duclos est soupçonné d'envoyer des pigeons voyageurs aux Soviétiques. La guerre en Indochine est très largement motivée par la volonté de contenir le Vietminh.

 De 3 à 5 ans

Meeting en faveur des époux Julius et Ethel Rosenberg, juifs américains accusés d'avoir livré au vice-consul soviétique des secrets atomiques, et exécutés en 1953.

Les États-Unis proposent le réarmement de l'Allemagne fédérale pour pouvoir faire face aux Soviétiques, et le projet de René Pleven prévoit une Communauté européenne de la défense. Mais avec la mort de Staline et la fin de la guerre de Corée, le danger semble moins pressant – l'opinion française n'étant par ailleurs pas prête à confier une partie de sa défense à l'ancien occupant honni.

Un événement dramatique est alors venu bouleverser notre vie : mon père, malade d'un cancer, est mort à quarante-six ans – j'en avais quatre. Sans salaire, sans assurance maladie, la famille a dû trouver d'autres ressources pour payer les médicaments, les soins et les gardes-malades. Ma mère a trouvé un travail dans le domaine social. Plusieurs aînés, les filles particulièrement, ont dû abandonner leurs études pour s'occuper de la maison et des plus jeunes, puis pour travailler. Les deux petits derniers, qui n'étaient pas autonomes, sont alors devenus une réelle charge. Et c'est ainsi que chaque année nous étions « placés », pendant les vacances scolaires, dans des institutions ou chez des membres de la famille.

Quant à moi, j'ai dû passer mes vacances dans des préventoriums, des établissements de cure où étaient soignés des enfants et des adultes victimes d'une primo-infection tuberculeuse. La loi rendant obligatoire la vaccination par le BCG avait été promulguée en 1949, mais les premiers vaccins n'étaient pas au point – la virulence du bacille n'étant pas suffisamment atténuée.

Malades, on garde le lit.

Ainsi, de nombreux enfants ont connu, comme moi, une primo-infection post-vaccinale. Cependant la tuberculose, responsable jusqu'en 1956 de 15 à 20 % des décès avant l'âge de cinquante ans, a reculé très vite. Des générations d'enfants se plieront à la séance de cuti, cette drôle de plume avec laquelle un médecin vous traçait deux traits sur la peau en vous recommandant de ne pas vous gratter.

Impeccable en toute circonstance.

Distribution de lait chaud dans les écoles à l'initiative de Pierre Mendès France.

Le gouvernement de Mendès France

Investi à la présidence du Conseil en juin 1954, il ne dirigera le gouvernement que pendant sept mois et demi, mais son passage restera l'un des temps forts de l'histoire institutionnelle de la IVe République. Son équipe est relativement jeune, resserrée et technicienne. François Mitterrand est alors ministre de l'Intérieur.

Dans son discours d'investiture, Mendès France se donne trente jours pour faire aboutir les négociations de paix sur l'Indochine – les accords de Genève seront effectivement signés en juillet. Il doit également faire face à de multiples problèmes concernant les colonies et les protectorats français du Maghreb. Son habileté à engager des pourparlers et à jouer sur tous les registres force l'admiration de Bourguiba, le leader nationaliste tunisien. Dans un discours prononcé à Carthage, Mendès France reconnaît l'« autonomie interne » de la Tunisie, mettant ainsi un terme aux manifestations et à la violence. Ce modèle de négociation sera repris plus tard par Edgar Faure et Guy Mollet au Maroc.

En revanche, l'attitude du président du Conseil est bien différente concernant l'Algérie : dans son esprit, « l'Algérie, c'est la France ». C'est sur cette question qu'il va échouer. L'ambiance est électrique, le pays déchiré depuis la Toussaint rouge, le 1er novembre 1954, qui a marqué le début de l'insurrection du FLN. Le 5 février 1955, l'Assemblée nationale lui refuse sa confiance, principalement sur la question de l'application du statut de l'Algérie voté en 1947, et Mendès France démissionne.

Des conditions de vie très simples

Il n'y avait aucun confort dans notre grande maison – ni eau courante, ni chauffage central, ni WC intérieurs. Nous avions deux sources d'eau à l'extérieur : l'eau du puits pour le lavage, et l'eau d'une pompe puisant dans une nappe phréatique pour la consommation. Nous passions beaucoup de temps à charrier l'eau dans des seaux ou des brocs.

Petits, on nous lavait le samedi dans de grands baquets en fer : il fallait alors faire chauffer de grandes quantités d'eau sur la gazinière. Plus grands, on se lavait tous les matins au gant dans une cuvette – et en hiver, la toilette était très rapide.

En effet, sur les sept pièces que comportait la maison, seulement quatre étaient munies de poêles à bois et charbon « à feu continu ». Mais seule la salle à manger était chauffée chaque jour, et le poêle « à feu continu » ne tenait pas plus de quelques heures. Il fallait l'allumer le soir, la pièce gardant encore un peu de chaleur le matin. Le soir, nous faisions aussi chauffer des briques sur le poêle, que nous enveloppions dans un linge avant de les glisser dans les lits, sous les couvertures en laine et les édredons en plumes. Nous n'aurions le chauffage central et l'eau courante qu'au milieu des années soixante.

Les plus jeunes changeaient de lit et de chambre au gré du départ des aînés. Petite, je dormais dans la chambre de ma mère, avant de rejoindre la « chambre des filles » où je partageais un lit avec une de mes sœurs.

L'heure du tout-automobile n'a pas encore sonné.

> Je n'avais alors pas vraiment d'amie attitrée, mise à part une camarade de l'école. Mais le jour où j'ai dit son nom à ma mère, elle m'a interdit de la fréquenter : le père de cette amie était communiste…

François Mitterrand, ministre de l'Intérieur du gouvernement de Pierre Mendès France.

La Toussaint rouge, 1er novembre 1954

Les indépendantistes algériens voient dans la défaite française en Indochine un encouragement à se lancer à leur tour dans la lutte contre la puissance coloniale, bien qu'ils soient très peu nombreux (quelques centaines au plus) et insuffisamment armés. Au printemps 1954, ils forment un Comité révolutionnaire d'union et d'action (CRUA) qui choisit la date du 1er novembre pour déclencher l'insurrection. Une trentaine d'attentats éclateront en ce jour de la Toussaint : récoltes incendiées, gendarmerie bombardée… Sept morts seront à déplorer, dont deux européens.

François Mitterrand, ministre de l'Intérieur, promet de tout mettre en oeuvre pour arrêter les « hors-la-loi » : « Des Flandres au Congo, il y a la loi, une seule nation, un seul Parlement. C'est la Constitution et c'est notre volonté. »

En définitive, les attentats de la Toussaint rouge ont très peu de retentissement dans l'opinion française et la presse métropolitaine en fait à peine écho. Ils n'en marquent pas moins le début de la guerre d'Algérie, qui précipitera la chute de la IVe République.

Des jeux et des corvées au grand air

Notre terrain de jeu préféré était notre jardin, assez hétéroclite. Il y avait le coin des fleurs toujours très soigné, le grand potager entretenu par ma mère, la prairie, le verger, le poulailler, les cabanes à lapin… Nous jouions à la marelle sur la terrasse, à la balle au mur ou à la balle au prisonnier, nous grimpions aux arbres ou faisions des acrobaties avec la balançoire et la corde à nœuds fabriqués par notre frère.

Mais nous consacrions aussi beaucoup de temps aux travaux ménagers. Le jeudi, ma mère, avant de partir travailler, préparait une liste de tâches censées combler tout notre temps libre. Il fallait s'occuper du potager (désherber, cueillir les légumes ou les fruits, « détasser » les carottes), nourrir les lapins, faire le ménage… Dans les faits, mon frère et moi passions la journée à nous chamailler, et sans adulte, nos jeux dégénéraient rapidement. Nous nous bagarrions avec ce qui nous tombait sous la main – notre arme préférée restant la chaise, très efficace lorsqu'elle était tenue à l'horizontale, les quatre pieds en avant. Les tâches qui nous incombaient étaient bâclées peu de temps avant l'arrivée de ma mère, à qui mon frère allait toujours tout « cafter ».

Une autre de nos corvées consistait à rendre visite aux membres de la famille qui n'habitaient pas loin. Chez une vieille tante, nous attendions avec impatience le moment où elle ouvrirait le placard pour y prendre une boîte en fer remplie de gâteaux, même si nous n'avions le droit d'en prendre qu'un et qu'ils avaient un goût de moisi.

Trop grand pour les chaises musicales.

 De 3 à 5 ans

Presque le mariage de Grace Kelly.

Chaque soir, nous allions chercher le lait dans la ferme voisine. Il nous fallait affronter mille dangers : le coin de la rue qui n'était pas éclairé, les oies qui gardaient la ferme et s'élançaient vers nous en cacardant… La fermière me disait en riant : « N'aie pas peur, tu prends l'oie par le cou et tu la fais tournoyer au-dessus de ta tête ! » Était-elle sérieuse ? Je n'ai jamais osé suivre son conseil. J'attendais que les oies soient rentrées pour remplir ma laitière de lait cru, et parfois… je rentrais bredouille. Le lait était ensuite bouilli pendant plusieurs minutes avec un anti-monte-lait en pyrex afin d'être consommé.

À l'époque des moissons, fin juillet – début août, nous allions glaner des épis de blé dans les champs pour nourrir les poules ; les grains étaient concassés dans un broyeur muni d'une manivelle à main. Après le passage de la moissonneuse-lieuse (le battage se faisait à la ferme), les bottes de blé étaient reliées entre elles. Les enfants du village venaient ramasser les épis restés au sol : une ordonnance de 1550 accordait le droit de récupérer les épis de blé pendant trois jours après la maison. Les tiges du blé coupé nous écorchaient les pieds, et pour éviter de trop marcher dans le champ, il nous arrivait de détacher des épis des bottes – mais le paysan, qui veillait au grain, nous courait après avec sa fourche.

La première moissonneuse-batteuse est arrivée au début des années soixante. Tout le village était présent pour fêter l'événement. Et cela a signé la fin de notre charge d'enfant : nous n'irions plus glaner dans les champs…

Le début des grandes vacances était marqué par la cueillette du tilleul et le fauchage de la prairie. Il fallait monter dans le grand arbre pour y chercher les fleurs, puis les faire sécher au soleil en les étalant sur un drap blanc. On les conservait dans des boîtes en métal pour en faire des tisanes, l'hiver.

On fauchait la prairie au début du mois de juillet. Tout le monde maniait la faux avec dextérité, le mouvement était ample, élégant, et c'était une vraie fierté d'être autorisé à le faire à son tour. Nous laissions l'herbe sécher au soleil en la retournant régulièrement. Nous faisions ensuite un grand feu qui dégageait une odeur enivrante. Je restais près des flammes, les narines grandes ouvertes, en me prenant pour une vestale…

À l'automne, toute la famille se réunissait pour le ramassage des pommes à cidre. Nous étions agenouillés dans la

Toujours se méfier de l'eau qui dort.

De 3 à 5 ans

La neige, c'est dégueulasse.

terre humide, les doigts gourds. Comme notre récolte était importante, la presse venait s'installer chez nous : le jus de pomme qui en sortait était délicieux. On le faisait ensuite fermenter dans des fûts de chêne, avant de le mettre en bouteille. Le cidre bouché était la boisson du dimanche pour petits et grands. Dans la grange, les bouteilles étaient rangées par année, et c'étaient nous, les plus jeunes, qui devions aller les chercher – malgré les toiles d'araignées et les souris qui nous effrayaient. Les bouteilles devaient être débouchées au-dessus d'une casserole : certaines avaient atteint un tel degré de fermentation qu'elles se vidaient de leur contenu dès qu'on les ouvrait.

Le ramassage des pommes était l'occasion d'une vraie fête. Dans les grandes occasions, nous débouchions une bouteille de poiré, un cidre de poire... Nous buvions rarement du vin.

Ma mère avait acquis le privilège de bouilleur de cru au décès de son mari. Elle avait le droit de distiller les produits de sa récolte, soit une franchise de dix litres d'alcool pur. Le possesseur de l'alambic s'installait dans le village, près d'un point d'eau. Il fallait un laissez-passer pour transporter le calvados issu de la distillation – on le faisait ensuite vieillir dans un fût de chêne. Et bientôt, ce serait déjà l'hiver...

Charlie Chaplin avec sa femme Oona, New York, 1952.

Le maccarthisme

Entre 1950 et 1953, le contexte de tension croissante avec l'URSS fait émerger une réelle paranoïa dans l'opinion américaine. En février 1950, Joseph McCarthy, sénateur du Wisconsin, lance la rumeur d'une vaste conspiration communiste au sein du département d'État (équivalent du ministère des Affaires étrangères) et se met à traquer les « rouges » dans toutes les couches de la société. Grâce à l'anticommunisme ambiant et au climat de paranoïa omniprésent, d'autant plus lourd que les faits sont souvent déformés et amplifiés, il acquiert un pouvoir considérable.

Des milliers de fonctionnaires, des citoyens et des personnalités du monde du spectacle, accusés de sympathie pour le communisme, voient leur carrière et leur réputation ruinées. À Hollywood, les studios de cinéma dressent de véritables « listes noires » d'acteurs, de réalisateurs et de techniciens susceptibles d'avoir des activités anti-américaines : les cinéastes Charlie Chaplin et Joseph Losey se trouvent ainsi poussés à s'exiler en Europe.

L'action de McCarthy contribue à fragiliser le parti démocrate, et a joué un rôle certain dans la victoire d'Eisenhower aux élections présidentielles de 1952.

Totalement discrédité lors du procès qui l'oppose à l'armée américaine en 1954, McCarthy est bientôt censuré par le Sénat, mais l'atmosphère de crainte et de suspicion qu'il a contribué à créer aura durablement marqué la société américaine.

La découverte des rites scolaires

1955-1959

La modernisation des campagnes est en marche !

Le rite de la rentrée scolaire

Je suis entrée à l'école primaire à cinq ans et demi. L'école du village, mixte et publique, comportait deux classes surchargées (entre 30 et 35 élèves) à plusieurs niveaux, que l'on appelait « classes uniques ». Les CP et les CE1 étaient regroupés dans un bâtiment préfabriqué dans lequel il faisait si froid que nous y gardions nos manteaux ; les CE2, CM1 et CM2 se retrouvaient dans un bâtiment ancien. La cour de récréation était goudronnée, avec un préau et des marronniers.

Chronologie

14 mai 1955
Signature du pacte de Varsovie, qui réunit les pays du bloc soviétique sous l'égide de l'URSS. Cette alliance est une réplique aux accords de Paris, signés en 1954, qui permettaient le réarmement de la RFA grâce à son intégration à l'OTAN.

15 mai 1955
Le traité d'État autrichien est signé, à Vienne, par les quatre alliés vainqueurs de la seconde guerre mondiale et l'Autriche. Le pays devient libre et souverain.

11 juin 1955
Aux 24 Heures du Mans, la Mercedes de Pierre Levegh est projetée dans la foule et tue 82 personnes.

1er décembre 1955
Dans un autobus, à Montgomery en Alabama, la couturière noire Rosa Parks refuse de céder son siège à un blanc.

26 janvier 1956
Nasser, dirigeant de l'Égypte, annonce la nationalisation du canal de Suez afin de financer la construction d'un barrage. Les Français et les Anglais, actionnaires du canal, réagissent avec l'aide d'Israël. L'opération militaire se solde par la défaite de l'Égypte et Israël occupe le Sinaï. Les troupes israéliennes et franco-britanniques se retireront en 1957 sous la pression des États-Unis et de l'URSS.

20 mars 1956
La Tunisie et le Maroc accèdent à leur indépendance.

25 mars 1957
Signature du traité de Rome : création, le 1er janvier 1958, de la Communauté économique européenne (CEE) et de l'Euratom. Le processus de rapprochement des pays européens prend une nouvelle dimension avec cette alliance, qui regroupe la Belgique, la RFA, la France, l'Italie, le Luxembourg et les Pays-Bas.

2 juin 1958
Le nouveau président du Conseil, le général de Gaulle, obtient les pleins pouvoirs de l'Assemblée pour six mois, avec pour mission d'élaborer une nouvelle Constitution.

28 septembre 1958
Approbation par référendum de la Constitution de la Ve République, avec près de 80 % de « oui ».

8 janvier 1959
Charles de Gaulle devient officiellement, à soixante-huit ans, le premier président de la Ve République française, pour sept ans.

Dansons la carmagnole, vive le son, vive le son…

Les « petits » ne sortaient pas en récréation en même temps que les « grands ». Les garçons jouaient aux billes en terre ou aux osselets, et les filles à la corde à sauter ou à la marelle. Les jeux collectifs étaient souvent des jeux de poursuite (chat baissé, chat perché), et si nous formions des équipes, c'étaient les filles contre les garçons. Les filles faisaient des rondes, jouaient au jeu du mouchoir, ou bavardaient entre elles en essayant de se débarrasser des garçons.

Nous portions des blouses car c'était l'usage, mais ce n'était pas obligatoire. Nous écrivions sur un pupitre légèrement incliné, dans lequel un encrier en porcelaine était encastré, et qui était muni d'un tiroir où nous rangions notre ardoise et nos cahiers. L'essentiel du matériel scolaire était fourni par l'école : encre violette, plumes, cahiers de la marque Abeille, buvards, ardoise et craies.

Et un jour, le raisin deviendra vin…

Le matin, avant l'arrivée des élèves, l'institutrice remplissait les encriers. C'était l'époque, dans l'école de la République, de la réussite pour tous quel que soit le niveau de revenu des parents. Dans la classe des grands, le matériel pédagogique était assez élaboré : un squelette pour l'apprentissage de l'anatomie, de grandes cartes pour la géographie, un globe terrestre… Les sujets de composition et les cartes à colorier étaient ronéotypés à l'encre violette.

Il n'y avait pas de cantine, les enfants rentraient chez eux le midi. La plupart des mères ne travaillaient pas, et dans le cas contraire il y avait toujours un proche parent pour prendre en charge l'enfant.

Pique-nique sur une botte de foin.

Le transistor était devenu incontournable dans les foyers.

Le repas était ritualisé et le menu invariable : carottes râpées, bifteck et légumes verts, camembert et compote de pomme. Seul le vendredi différait, « jour du poisson » : nous avions droit à du hareng avec de la purée de pommes de terre. Les légumes et fruits provenaient du jardin : nos seuls achats alimentaires concernaient la viande et le pain. En prévision de l'hiver, les légumes étaient stérilisés et conservés dans des bocaux en verre.

Pendant le repas, le transistor était au centre de l'attention. Mon grand-père, sourd, passait le repas collé à son transistor réglé sur Radio Luxembourg (station qui prendrait le nom de RTL en 1966). Nous suivions les informations et les émissions cultes de l'époque : « Sur le banc » avec Raymond Souplex et Jeanne Sourza, « Ça va bouillir » ou « Quitte ou double » de Zappy Max…

Lors de la visite très officielle de Mendès France dans notre petite ville, des enfants lui offrent des fleurs.

De 6 à 10 ans

Jacqueline Auriol devant le Mystère IV N, avec lequel elle a un record de vitesse en 1958.

Lorsque je suis entrée au CP, je savais lire, écrire et compter grâce à mes sœurs qui jouaient à me « faire l'école ». L'apprentissage de la lecture se faisait par la méthode globale. Mes deux institutrices étaient très strictes, surtout celle qui faisait la classe aux grands et qui était aussi directrice. Elle avait un amour immodéré pour Marie-Antoinette, à qui elle attribuait de grandes vertus – elle allait jusqu'à pleurer en évoquant sa longue marche vers la guillotine…

Cette institutrice humiliait verbalement les élèves (« Tu es incapable ! », « Tu ne comprends rien ! », « Tu ne feras jamais rien ! ») et sa punition de prédilection était le « shampooing », qui consistait à frotter ses poings sur le cuir chevelu. Les notes étaient accompagnées d'une appréciation pas toujours délicate (« mal », « très mal »), et lorsque nous orthographions mal un mot, il fallait le copier cent fois pendant la récréation. L'époque était aux sanctions : on ne se posait aucune question sur leur efficacité.

Les programmes de l'école primaire portaient sur des savoirs fondamentaux. Parmi les matières abordées – calcul, géométrie, sciences (anatomie, physique, chimie), histoire et géographie – l'accent était mis sur la maîtrise de la langue française : orthographe, grammaire, conjugaison et rédaction. Nous avions un cahier de récitation, où figuraient en bonne place Rimbaud, Baudelaire, Max Jacob et Francis Jammes ; et un cahier de chants, qui comportait surtout des chansons populaires.

L'école avait aussi pour mission de faire de nous de bons citoyens. Dans les petites classes, chaque matinée commençait par une leçon de morale, écrite au tableau et qu'il nous fallait recopier :

« Je serai un élève appliqué, j'écrirai lentement pour former convenablement toutes mes lettres, pour ne pas faire de fautes, et pour n'oublier ni un point, ni un accent, ni une virgule. »

« Mes dix petits ouvriers sont mes dix doigts que je laverai chaque jour, avant chaque repas. »

« Je ne me croirai ni meilleur, ni plus intelligent que les autres, je ne me vanterai jamais ; je serai simple et modeste. »

En fin d'année, la distribution des prix était organisée dans la salle des fêtes, devant les parents, les enfants et les habitants du village, en présence du maire, du sous-préfet et de l'inspecteur d'académie. C'était une cérémonie très solennelle, un peu ennuyeuse, avec des discours qui n'en finissaient pas. Nous recevions de gros livres lourds, de la collection « Rouge et Or ».

Les livres qui nous fascinaient à l'époque étaient *Sans famille* et *En famille* d'Hector Malot, *Les Misérables* de Victor Hugo, les aventures du *Club des Cinq* (j'aurais aimé être Claude, le garçon manqué de l'équipe), *Ces dames aux chapeaux verts* de Germaine Acremant, *Les Quatre Filles du docteur March* de Louisa May Alcott… Par la suite, je me suis passionnée pour la vie des pionnières de l'aviation : Hélène Boucher, Adrienne Bolland, Jacqueline Auriol…

Les partisans du général de Gaulle fêtent son retour au pouvoir.

La fin de la IVe République et la naissance de la Ve

La guerre d'Algérie entraîne une crise politique profonde. Depuis avril 1958, la France se débat dans une crise gouvernementale. Le 13 mai, des manifestants envahissent le gouvernement général d'Alger. Ils créent des « comités de salut public » pour sauvegarder l'« Algérie française ». L'autorité du gouvernement n'est plus respectée en Algérie. Plusieurs hommes politiques réclament le retour de Charles de Gaulle. Celui-ci pose des conditions à son retour : l'adoption de procédures légales pour changer les institutions totalement paralysées, et les moyens de gouverner. Le 1er juin, l'Assemblée nationale investit le gouvernement du général de Gaulle, qui obtient les pleins pouvoirs pour rétablir le bon fonctionnement des pouvoirs publics. La loi constitutionnelle du 3 juin 1958 l'autorise à élaborer un projet de Constitution avec cinq principes fondamentaux à respecter : le suffrage universel, la séparation des pouvoirs exécutif et législatif, la responsabilité du gouvernement devant le Parlement, l'indépendance de l'autorité judiciaire, et, mesure de circonstance, l'organisation des rapports entre la République et les peuples d'outre-mer.

Lors du référendum du 28 septembre 1958, 66 % des Français approuvent le texte qui donne naissance à la Ve République. La Constitution est promulguée le 4 octobre. Le 21 décembre, de Gaulle est élu président de la République par un collège d'environ 80 000 grands électeurs, majoritairement issus du monde rural. Il prendra peu à peu conscience de l'impossibilité de gagner la guerre d'Algérie, et soutiendra bientôt l'indépendance du pays.

François Truffaut et Jean-Pierre Léaud.

Les Quatre Cents Coups

Film phare de l'histoire du cinéma, Les Quatre Cents Coups *est la révélation du festival de Cannes de 1959, où il gagne le Grand Prix de la mise en scène. Le film marque les esprits par sa liberté de ton et la qualité de sa mise en scène. Celle-ci est saluée par les nombreux supporters de la Nouvelle Vague, dont Truffaut fut l'un des fondateurs alors qu'il était encore journaliste pour* Arts *et* Les Cahiers du cinéma.
On y retrouve tous les ingrédients de la Nouvelle Vague : décors naturels, prises de vue en extérieur, situations, personnages et langage quotidiens… Et s'il a bouleversé des générations de spectateurs alors que les innovations d'alors sont, entre-temps, devenues monnaie courante, c'est qu'on y trouve déjà, en germe, les qualités du cinéma de Truffaut.
Sur un scénario simple et linéaire, le réalisateur s'affranchit des carcans de l'époque. Il descend dans la rue pour suivre les aventures du petit Doisnel avec une fraîcheur et une liberté de ton à la fois novatrices et bouleversantes. Aujourd'hui encore, on reste stupéfait par l'aisance du tout jeune Jean-Pierre Léaud lorsqu'il répond avec aplomb et candeur aux questions d'une psychologue, dans une scène qui constituait pour Truffaut le centre du film.

De 6 à 10 ans

Le catholicisme est très prégnant.

Les joies du catholicisme

Les rites religieux tenaient une grande place dans notre vie – c'était même notre principal engagement. Le jeudi matin était consacré au catéchisme, assuré par le curé du village. L'enseignement religieux était traditionnel : il n'avait pas pour mission de faire comprendre la religion à l'enfant, mais de lui inculquer des doctrines. Le catéchisme était rédigé sous forme de questions-réponses que nous devions apprendre par cœur. L'éducation religieuse se fondait sur la peur : peur de la punition divine, de l'enfer…

Vers l'âge de sept ans, nous étions préparés au sacrement de confirmation (ou communion privée). La communion solennelle avait lieu à douze ans.

Mon frère et moi avons été les premiers de la fratrie à porter une aube de communion : auparavant, les filles portaient des tenues semblables à des robes de mariées, richement brodées, recouvertes d'un long voile, et les garçons un costume orné d'un brassard. Les familles s'endettaient pour habiller correctement leurs enfants ; l'aube devait mettre fin à cette surenchère.

Les communions offraient l'occasion de se réunir en famille autour d'un repas traditionnel. Nous recevions des images pieuses, un chapelet, un missel, un stylo à plume… Et nous repartions l'après-midi à l'église, aux vêpres, pour chanter quelques cantiques.

Le samedi après-midi, nous nous confessions pour pouvoir communier le dimanche matin. Notre jeu à mon frère et à moi, consistait à faire enrager l'autre jusqu'à ce qu'il lâche un gros mot. Ainsi, il ne pourrait pas prendre part à la communion du lendemain.

La liturgie était traditionnelle (la réforme de Paul VI n'interviendrait qu'en 1970) : messe en latin, prêtre face à l'autel entouré des enfants de chœur… Les femmes dissimulaient leurs cheveux sous un chapeau ou un fichu, les hommes étaient tête nue. Il fallait être à jeun depuis minuit : c'était le jeûne eucharistique. Enfant, j'avais des vertiges pendant la messe qui durait près de deux heures, dus sans doute à l'hypoglycémie, à l'odeur de l'encens, à la solennité du lieu et à la station debout prolongée. Dans cette atmosphère particulière, je n'avais aucun mal à être transportée par la foi.

Mais l'essentiel de la pratique religieuse était transmise par la famille. La liste des gestes chrétiens qui structuraient notre vie quotidienne était longue : le bénédicité, la croix sur le pain avant de le trancher, la prière à genoux le soir au bord du lit, le signe de croix devant toutes les représentations du Christ crucifié, le poisson le vendredi…

Nous avons été fortement imprégnés par les dogmes religieux. Nous croyions que notre pensée ne nous appartenait pas, puisque Dieu était partout, voyait tout, savait tout. Laisser vagabonder sa pensée était source d'angoisse : cela risquait de nous faire perdre le chemin du paradis.

Toutes les célébrations religieuses étaient attendues et préparées avec soin. Le calendrier liturgique était suivi à la lettre, et représentait les repères dominants de l'année. Ma préférence allait à l'Assomption,

La première communion est un moment incontournable de la vie religieuse : c'est à qui aura la plus belle robe.

De 6 à 10 ans

le 15 août : je portais alors une robe blanche, une couronne de fleurs sur les cheveux et une corbeille remplie de pétales de roses. La procession religieuse partait de l'église puis traversait le village. Le curé, dans un habit sacerdotal d'apparat brodé de fils d'or, portant la croix processionnelle, était suivi des enfants de chœur et de la foule des fidèles. À intervalles réguliers, nous lancions nos pétales de roses.

Ces célébrations étaient tout autant des fêtes religieuses que populaires. Le chemin de croix du vendredi saint était particulièrement important : la procession faisait étape aux quatorze stations traditionnelles. Nous respections également les jours de jeûne, mercredi des cendres et vendredi saint. Mais les fêtes les plus célébrées restaient Pâques et Noël. Pour préparer Pâques, nous décorions la maison avec des œufs durs colorés à l'oignon, au mercurochrome, au bleu de méthylène ; ou sur lesquels nous avions peint des motifs géométriques. Le jour de Pâques, des œufs en chocolat étaient cachés dans le jardin. Les enfants de chœur, qui allaient de maison en maison pour collecter quelques sous, faisaient une halte chez ma mère pour partager une gigantesque omelette.

Noël était la fête la plus importante. Elle était pleine de traditions et de symboles, mêlant le religieux et le païen : le sapin, la crèche, la collation avant la messe de minuit, le repas traditionnel après la messe, les cadeaux le matin de Noël… Et les boules aux noix, les dattes aux amandes, le diplomate…

La messe est célébrée selon l'ancienne liturgie par un ami béninois de notre curé de village.

Boris Vian lors d'un cocktail au théâtre des Arts à Paris, en juin 1956.

La chanson dans les années cinquante

Après la période réaliste, la chanson flirte avec l'existentialisme du côté de Saint-Germain-des-Prés. S'y croisent la poésie et le jazz, de Juliette Gréco à Jean-Paul Sartre en passant par Boris Vian. Au fil de ces années, la chanson s'intellectualise, trouve refuge dans les cabarets parisiens de la « rive gauche » (expression qui qualifiera dès lors une certaine chanson « à texte ») et affirme de nouvelles valeurs. Écrite par Boris Vian et interprétée pour la première fois en mai 1954 par Mouloudji, le jour même de la prise de Diên Biên Phu, la chanson « Le Déserteur » sera censurée pendant dix ans.

Avec le recul, le fameux « âge d'or » de ces cabarets se verra relativisé par nombre de celles et ceux qui l'ont vécu : pour gagner quelques francs, il faut alors enchaîner plusieurs cabarets dans la même soirée, dans des conditions techniques aléatoires. De la Rose rouge à la Fontaine des quatre saisons, de la Colombe à l'Écluse, de Chez Patachou à la Méthode, défilent ainsi des Guy Béart, Pia Colombo, Jacques Debronckart, Jacques Douai (le « troubadour du XXe siècle »), Jean Ferrat, Les Frères Jacques, Henri Gougaud, Gribouille, Boby Lapointe, Hélène Martin, Pierre Perret, Christine Sèvres, Francesca Solleville, Anne Sylvestre…

1960-1963
Salut les copains !

La mixité scolaire, mère de tous les vices…

Le collège et le début des choses sérieuses…

Pour accéder au collège, il fallait passer un examen d'entrée. Cet examen a été supprimé en 1960, l'année où j'entrai à mon tour en sixième – l'admission s'est alors faite à partir du dossier scolaire. Nous étions très peu, dans mon

Chronologie

13 février 1960
La France fait exploser sa première bombe atomique dans le Sahara algérien. Le général de Gaulle salue l'exploit en s'exclamant : « Hourra pour la France ! Depuis ce matin, elle est plus forte et plus fière. »

6 septembre 1960
121 personnes, dont Jean-Paul Sartre, signent un manifeste pour défendre le droit à l'insoumission dans la guerre d'Algérie.

4 novembre 1960
Le président Charles de Gaulle annonce à la télévision algérienne un référendum sur l'autodétermination de l'Algérie.

20 avril 1961
Des groupes d'exilés cubains anticastristes appuyés par les États-Unis tentent un débarquement dans la baie des cochons, à Cuba. L'opération est un véritable fiasco.

21-26 avril 1961
Tentative de putsch des généraux à Alger. De Gaulle prend les pleins pouvoirs.

12 août 1961
Construction du mur de Berlin, séparant la zone sous occupation soviétique de la zone sous occupation américaine, anglaise et française.

17 octobre 1961
Massacre de manifestants algériens à Paris par la police française.

8 février 1962
Une manifestation est organisée contre l'OAS à l'appel des syndicats, du PSU et du PCF. La répression policière fait huit morts au métro Charonne à Paris.

18 mars 1962
Signature des accords d'Évian.

21 avril 1962
Début du rapatriement des Européens d'Algérie. Plus de 900 000 Français d'Algérie et 91 000 harkis se réfugient en France.

15 juin 1963
Carrefour ouvre son premier hypermarché en France dans l'Essonne.

28 août 1963
Martin Luther King prononce son fameux discours « I have a dream » au terme de la marche sur Washington contre les discriminations raciales.

22 novembre 1963
Assassinat de John F. Kennedy à Dallas.

… était encore très rare au début des années soixante.

cours moyen, à choisir un collège d'enseignement général dans une « classe de sixième du cycle d'observation ». De nombreux parents préféraient que leurs enfants restent à l'école primaire jusqu'à la classe de fin d'études. Celle-ci préparait aux épreuves du certificat d'études primaires (CEP) et permettait d'entrer rapidement dans la vie active – le CEP était le premier diplôme exigé pour accéder aux administrations et services publics.

Même si je m'orientais vers le secondaire, ma mère souhaitait que je passe mon « certif' » en cinquième, parce qu'« il faut avoir un diplôme en poche » et qu'« on ne sait jamais ce qui peut arriver ». Les épreuves vérifiaient des connaissances fondamentales en orthographe, calcul, sciences, histoire et géographie, ainsi que nos capacités rédactionnelles.

Deux de mes frères ont été orientés vers des filières techniques sans le vouloir vraiment. C'était l'âge d'or de l'enseignement technique : il y avait alors une forte demande de spécialisation dans la production industrielle, qui augmentait en moyenne de 10 % par an. En 1960, 24 % des élèves – essentiellement des garçons – poursuivaient leur scolarisation soit vers des filières pratiques (centres d'apprentissage), soit vers des filières techniques (collèges ou lycées d'enseignement professionnel).

J'ai été affectée dans un lycée devenu mixte en 1953, situé à une heure de Paris, et qui comprenait un internat pour filles et garçons. Du fait de sa situation géographique, il accueillait de nombreux élèves qui n'avaient pas pu poursuivre leur scolarité dans un lycée parisien – souvent pour cause d'indiscipline. Les élèves originaires de Paris étaient souvent plus âgés que les autres, désobéissants et… dragueurs !

La mixité était encore rare dans les établissements du secondaire, et elle ne deviendrait obligatoire dans tous les établissements publics qu'en 1975. Avant que le lycée devienne mixte, les garçons qui souhaitaient poursuivre leur scolarité après le primaire étaient orientés vers un collège, tandis qu'on conseillait aux filles un cours complémentaire général. Les premiers mois constituaient un cycle d'orientation.

Le cours complémentaire était un établissement public qui dispensait une bonne culture générale jusqu'au brevet. Le recrutement se faisait, comme pour le collège, par un examen d'entrée. Cependant, tous les élèves n'accomplissaient pas la totalité du cycle d'études. À quatorze ans, ils s'orientaient vers des études techniques ou entamaient leur vie professionnelle après une période d'apprentissage. C'est en 1959 que la scolarité est devenue obligatoire jusqu'à seize ans au lieu de quatorze. Les cours complémentaires sont alors devenus des collèges d'enseignement général (CEG). Les meilleurs éléments, à l'issue de la troisième, poursuivaient vers un lycée ou une école normale.

J'étais demi-pensionnaire et les journées étaient longues. Nous avions cours de 8 h à 17 h tous les jours sauf le jeudi, et le samedi jusqu'à midi. Je partais le matin à 7 h, et je rentrais à 19 h 30 après l'étude surveillée par un « pion ».

Le petit dernier fait un excellent ballon.

Le drame de cette époque, pour nos frères aînés, c'était la guerre d'Algérie.

En sixième, nous avions un professeur principal chargé d'enseigner toutes les matières (français, histoire, géographie, mathématiques, sciences naturelles, français, récitation, rédaction, dessin, musique, instruction civique, travail manuel), à l'exception de l'anglais et du latin. De ce fait, la transition entre l'école primaire et le secondaire se faisait en douceur. Et comme la sixième faisait partie d'un cycle d'observation, aucune matière ne devait être négligée.

L'éducation physique (quatre heures hebdomadaires) avait lieu avec les autres classes de même niveau, soit dans un stade en extérieur que nous appelions le « plein air », où nous étions initiés à l'athlétisme (course, lancer, saut), soit dans une salle où nous nous exercions à la gymnastique au sol et aux agrès. Nous préparions activement la fête de la jeunesse laïque, grand rassemblement populaire qui regroupait toutes les écoles publiques de la ville. Les mouvements laïcs s'y affirmaient à travers l'éducation de masse et le développement sportif des jeunes.

Un carnet de correspondance permettait de créer un lien entre les parents et l'établissement. Les notes y étaient inscrites chaque mois et devaient être signées par les parents. Nous pouvions être inscrits au tableau d'honneur. À la fin de l'année avait lieu la distribution solennelle des prix, avec un classement des élèves par matière et un classement général (prix d'excellence, félicitations, encouragements). En cas de désobéissance ou de mauvaises notes, nous étions sanctionnés par un conseil de discipline ou par des retenues que nous appelions « colles ».

J'ai obtenu mon brevet d'études du premier cycle du second degré (BEPC) à la fin de la troisième. Il comportait deux épreuves orales de langues vivantes étrangères et une journée et demie d'épreuves écrites (dictée et questions, composition française, version et thème…) J'ai ainsi été autorisée à passer en seconde classique.

Le porte-avions *Arromanches* naviguant en direction de Bizerte (Tunisie), à la fin de la guerre d'Algérie.

S'échapper par les films

Le jeudi après-midi, la coopérative du lycée diffusait des films que l'on classerait aujourd'hui dans la catégorie « art et essai » : *Nuit et Brouillard* et *Guernica* d'Alain Resnais, *L'Âge d'or* et *Le Chien andalou* de Buñuel, *Jeanne d'Arc* de Carl Dreyer… Les films « grand public », nous avions l'occasion de les voir dans la salle des fêtes du village le dimanche après-midi.

Parfois, j'entraînais ma mère au cinéma de la ville voisine, le samedi soir. C'était aussi pour moi l'occasion de retrouver les copains du lycée. Mais aux yeux de ma mère, tout contact avec un garçon, même aussi platonique qu'un regard ou un salut, était sujet à réprobation.

Jean-Paul Sartre en 1960.

Le Manifeste des 121

Le Manifeste des 121, sous-titré « Déclaration sur le droit à l'insoumission dans la guerre d'Algérie », est signé par des intellectuels, universitaires et artistes, et publié le 6 septembre 1960 dans le magazine Vérité-Liberté. On compte parmi les signataires des personnalités très diverses telles que Marguerite Duras, Maurice Blanchot, Dionys Mascolo, Edgar Morin, Robert Antelme, Jean-Paul Sartre, Guy Debord…
Ce manifeste sera capital pour l'avenir de la gauche et de l'extrême gauche en France. C'est aussi l'une des rares manifestations intellectuelles et publiques en réaction à la politique équivoque que mène le général de Gaulle vis-à-vis de l'Algérie.
Les trois propositions finales sonnent comme une véritable provocation envers les militaires :

« Nous respectons et jugeons justifié le refus de prendre les armes contre le peuple algérien.
Nous respectons et jugeons justifiée la conduite des Français qui estiment de leur devoir d'apporter aide et protection aux Algériens opprimés au nom du peuple français.
La cause du peuple algérien, qui contribue de façon décisive à ruiner le système colonial, est la cause de tous les hommes libres. »
Ce texte provoque un vrai débat public sur la question algérienne, que l'État essayait d'occulter. Parmi les signataires, certains fonctionnaires ont été révoqués, tel l'universitaire Pierre Vidal-Naquet ou le mathématicien Laurent Schwartz, professeur à l'École polytechnique, dont le fils a même été enlevé par l'extrême droite.

De 11 à 14 ans

La voiture était encore rare et l'on dépendait des bus ou de longs trajets à vélo.

Premières amours

C'est en sixième que j'ai connu mon premier flirt. Il était plus âgé que moi, parisien, c'était le premier de la classe et j'en étais très fière.

Je faisais de longs trajets à vélo pour retrouver, dans la campagne, des copains avec qui je flirtais. Cependant la plupart de mes camarades habitaient la ville et se retrouvaient au jardin public qui jouxtait le lycée. J'ai tenté maintes fois de « faire le mur » pour les rejoindre, le midi ou le soir avant l'étude, mais le concierge était vigilant…

Le foyer du lycée était en principe réservé aux grands du second cycle, même si les plus jeunes pouvaient y être invités. J'y allais dès la quatrième, pour danser des rocks ou des slows et flirter dans la pénombre car les volets étaient clos.

Le bal du lycée de fin d'année réunissait les profs et les élèves. Nous nous éclipsions pour échapper aux regards des adultes et poursuivre une aventure amoureuse commencée lors d'un slow.

Notre préférence, pour les rencontres amoureuses, allait aux surprise-parties. Dès l'âge de quatorze ans, nous organisions ces fêtes privées chez un copain et chacun amenait ses 45 tours. Nous n'avions pas la télévision et je rentrais trop tard le soir pour écouter « Salut les copains » sur Europe 1, l'émission de Daniel Filipacchi diffusée de 1959 à 1969 et qui donnerait naissance à un magazine du même nom en 1962. C'est donc lors des sur-boums que j'ai découvert les chansons yéyés. Nous dansions le twist, le madison, le rock, le slow, sur les chansons des « idoles des jeunes » : Johnny Hallyday, Sylvie Vartan, Françoise Hardy, Richard Anthony, Petula Clark… Nous écoutions surtout des chansons françaises, mais aussi, plus rarement, de la musique anglaise comme Donovan (« Donna Donna »), Vince Taylor ou The Shadows (« Apache »).

Eddie Barclay, Harold Nicholas et Johnny Hallyday au Saint-Hilaire Club à Paris, 1963-1965.

Au lycée, le magazine *Salut les copains* passait de main en main : nous connaissions tout de nos idoles, leurs amours, leurs déboires… Nous discutions de leur talent ou de leur physique. Nous connaissions bien sûr le phénomène des Beatles en Angleterre, mais ce n'est vraiment qu'à partir de la seconde moitié des années soixante que la « Beatlemania » s'est installée en France.

> La « Beatlemania » déferle partout en Europe : ici, des fans trempées les attendent à Hambourg.

Nos fréquentations ne duraient jamais très longtemps, les couples se faisaient et se défaisaient au gré des nouvelles rencontres – nous avions soif de découvertes amoureuses.

Viridiana, de Buñuel, obtient la Palme d'or à Cannes

Luis Buñuel se livre ici à une charge mordante contre l'État et la religion. Viridiana est une jeune novice que son oncle rappelle du couvent juste avant qu'elle prononce ses vœux. Elle tente de faire le bien autour d'elle, mais sans succès. La première partie l'oppose à son oncle, qui vit reclus en suivant des principes rétrogrades : Buñuel met en parallèle le fétichisme religieux de la jeune fille et le fétichisme érotique macabre du vieil oncle. Dans la seconde partie, la jeune femme héberge un groupe de mendiants qui semble tout droit sorti d'un tableau de Goya. Le film s'achève sur une bacchanale délirante, qui tourne en véritable orgie. Aujourd'hui encore, on se demande comment Buñuel a pu tourner un film aussi provocant dans l'Espagne franquiste. Viridiana représentait même l'Espagne au festival de Cannes en 1961 – le réalisateur avait toutefois pris soin de n'apporter ses bobines qu'à la toute dernière minute. Le film a été immédiatement censuré en Espagne, avec interdiction faite à la presse de relayer l'information selon laquelle il avait remporté la Palme d'or – et ce, jusqu'à la mort de Franco.

Même colère du côté du Vatican – il faut avouer qu'il y avait de quoi. Par exemple, ce passage où la troupe de mendiants se livre à une parodie de la Cène de Léonard Vinci : ils prennent la pose devant une femme qui, plutôt que de les photographier, se contente de soulever sa jupe.

Albert Camus.

L'âge des lectures décisives

J'ai lu pléthore de livres sous l'édredon en m'éclairant à la lampe de poche, parfois jusqu'à l'heure matinale où ma mère venait me réveiller en m'apportant un café. Mes plus grandes émotions de lecture ont été sans conteste les *Propos* d'Alain, qui ne sont sans doute pas étrangers à la profonde remise en cause de mon éducation religieuse ; *Les Nourritures terrestres* d'André Gide ; *L'Étranger* de Camus et son écriture si particulière, le détachement de Meursault, l'absurdité de la vie…

L'époque était très fortement marquée par l'engagement des intellectuels dans la vie publique, et par les divergences d'opinion des plus célèbres d'entre eux, Albert Camus et Jean-Paul Sartre, notamment sur la question du communisme (le second proclamant que « tout anticommuniste est un chien »). De l'autre côté du champ médiatique, Françoise Sagan passionnait les médias et déclenchait les sarcasmes d'un groupuscule qui ferait parler de lui en 1968 : les situationnistes, réunis autour de Guy Debord.

Déploiement de troupes dans les rues d'Alger avant l'annonce du cessez-le-feu.

Les accords d'Évian en mars 1962

Les Français acceptent le principe d'auto-détermination de l'Algérie par voie de référendum le 8 janvier 1961. De Gaulle a donc les mains libres pour négocier les accords d'Évian avec le gouvernement provisoire de la République algérienne, formé par le Front de libération nationale (FLN) pendant la guerre. Ces accords sont signés le 18 mars 1962 à Évian, et se traduisent par un cessez-le-feu applicable sur tout le territoire algérien dès le lendemain.
Ces accords mettent fin à huit ans d'une guerre qui n'en portait pas encore le nom, et pour laquelle la France avait déployé environ 400 000 hommes. Entre 250 000 et 400 000 Algériens y auront trouvé la mort (plus d'un million selon le FLN). Pour la France, on décompte 28 500 morts du côté des militaires, 30 000 à 90 000 parmi les harkis, 4 000 à 6 000 chez les civils européens, et environ 65 000 blessés. Cependant, si la France a reconnu – très tardivement – la guerre, elle n'a reconnu officiellement que des actes individuels commis par les militaires. Le caractère organisé de la répression des Algériens – notamment la torture – mise en place par des militaires au nom de l'État français n'a, lui, jamais été reconnu. Pas plus, d'ailleurs, que le caractère organisé des actes terroristes perpétrés par le FLN au nom du futur État algérien, tant à l'égard des Européens que des Algériens « collaborateurs » de l'Algérie française.

Projection dans l'avenir et crise

Alors que nos identités commençaient à se préciser, nous commencions à nous projeter dans l'avenir. Personnellement, je ne m'imaginais pas mère au foyer. Je n'avais aucune conscience de la division sexuelle des tâches dans la sphère familiale ou professionnelle car j'ai toujours vu ma mère, chef de famille, prendre seule des décisions, faire de gros travaux en extérieur et avoir une activité professionnelle. C'est ainsi que j'ai mis du temps à comprendre les revendications féministes car pour moi, dans cette famille où les filles avaient un ascendant sur les garçons, l'égalité des sexes allait de soi.

Comme beaucoup d'entre nous, j'étais en opposition permanente avec ma mère, qui s'opposait à mes « fréquentations ». J'avais honte de son âge et de ses principes quand mes copains, pensais-je, avaient des parents « jeunes » et « modernes ». J'ai fini par faire une fugue, à la suite de laquelle ma mère a décidé de m'envoyer en internat dans un « lycée de jeunes filles ».

1964-1967
On n'est pas sérieux quand on a dix-sept ans

En attendant la libération de Mai 68…

Cours camarade, le vieux monde est derrière toi

Le milieu des années soixante est marqué par une série de bouleversements dont la racine remonte à plusieurs décennies auparavant. Si, à la Libération, la moitié de la population française était encore rurale (la plupart des citadins recensés habitant de gros bourgs), à la fin des années soixante, près de deux tiers des Français vivent dans des grandes villes. Un brassage amplifié de la population, de nouvelles manières de vivre, d'autres formes de solidarité apparaissent.

Les anciennes communautés villageoises, dans lesquelles le groupe exerçait une certaine coercition, où perdurait une forte influence du catholicisme, disparaissent peu à peu. Ce sont alors les enfants du baby-boom, désormais âgés d'une vingtaine d'années, incarnant de nouvelles valeurs et de nouvelles attentes, qui vont bousculer l'ancien monde. C'est l'époque du rock, des yéyés

Chronologie

12 juin 1964
En Afrique du Sud, Nelson Mandela, ancien vice-président de l'African National Congress, est condamné à la détention à perpétuité, ce qui entraîne une vague de protestations contre l'apartheid.

4 août 1964
Début des bombardements aériens américains sur le Vietnam du Nord, en réplique à ce qui a été présenté comme une agression nord-vietnamienne dans le golfe du Tonkin.

14 octobre 1964
Martin Luther King reçoit le prix Nobel de la paix.

19 décembre 1964
Transfert des cendres de Jean Moulin au Panthéon. André Malraux prononce à cette occasion un discours qui deviendra célèbre.

21 février 1965
Assassinat du leader noir Malcolm X dans des circonstances obscures à Harlem, New York. Le FBI a infiltré la plupart des mouvements protestataires (les Black Panthers, Nation of Islam…)

11 août 1965
Début des émeutes raciales de Watts, un quartier de Los Angeles. Elles seront violemment réprimées par la police et la garde nationale, avec un bilan de 34 morts, plusieurs centaines de blessés et 4 000 arrestations.

19 décembre 1965
De Gaulle est réélu à la présidence de la République, au second tour, avec 55,2 % des voix contre 44,8 % pour Mitterrand. La surprise vient du fait qu'un second tour ait été nécessaire à celui qui se voulait au-dessus de la mêlée et des partis.

13 mars 1966
De Gaulle annonce officiellement le retrait de la France des commandements intégrés de l'OTAN dès le 1er juillet 1966.

13 juillet 1967
Création de l'Agence nationale pour l'emploi. À l'époque, la France ne compte que 430 000 chômeurs.

24 juillet 1967
En visite officielle à Montréal, de Gaulle déclare depuis le balcon de l'Hôtel de ville : « Vive le Québec libre ! »

Dangereux blousons noirs.

et des blousons noirs qui terrifient les braves gens.

Face à cette nouvelle génération, le pouvoir gaulliste paraît bien vieux, bien poussiéreux, et les femmes n'acceptent plus de jouer le rôle de mère soumise qui leur était réservé. « La France s'ennuie », écrit un journaliste bien mal inspiré dans Le Monde en mars 1968. Patience, le feu couve seulement, et beaucoup de choses qui semblaient immuables seront bientôt balayées.

Les lycéens prennent le pouvoir dans *If...* de Lindsay Anderson.

L'internat… au bord de la révolte

À cette époque, l'internat en lycée public de jeunes filles correspondait assez bien aux représentations qu'ont pu en faire Jean Vigo dans *Zéro de conduite* ou Lindsay Anderson dans *If...* On imagine sans peine que les internes des années soixante ont formé en mai 1968 de vrais contingents prêts à en découdre avec toutes les formes d'oppression ; et que le fameux slogan « Il est interdit d'interdire » n'est pas tombé dans l'oreille d'un sourd.

À quelques années du joli moi de mai, la discipline était encore stricte : nous portions une blouse rose pour l'externat et une blouse bleue pour l'internat ; nous dormions dans des dortoirs de quarante lits séparés par d'étroites armoires métalliques, sans aucune intimité ; nous nous lavions à des lavabos en enfilades et il n'y avait que deux douches par dortoir.

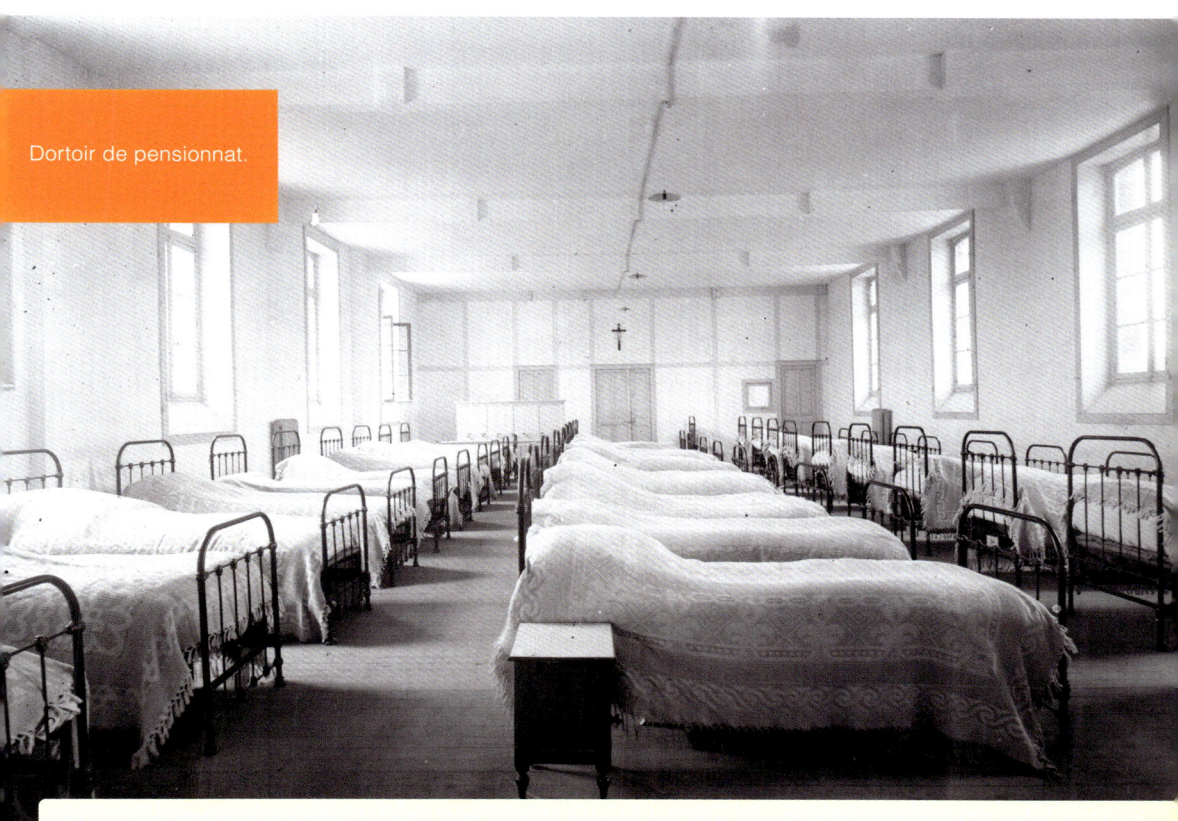

Dortoir de pensionnat.

L'indiscipline et les mauvaises notes étaient sanctionnées par une retenue de quatre heures. Au bout de trois, l'élève était exclu pendant une journée, avec inscription au dossier. Pour toutes les sorties, même programmées, il fallait obtenir l'accord des parents. L'internat comportait une sorte de parloir, où la famille et les amis étaient autorisés à venir voir les internes.

Tout était réglementé : l'heure du réveil et du coucher, le temps imparti pour faire son lit et sa toilette, prendre son petit-déjeuner… Après l'étude du soir, nous avions le droit de regarder la télévision dans une salle commune pendant une demi-heure. La retransmission en direct du discours de François Mitterrand, lors des élections présidentielles de décembre 1965, a d'ailleurs été un moment important de ces années où le pouvoir gaulliste contrôlait l'ORTF d'une main de fer.

La plupart d'entre nous s'inscrivaient à la sortie du jeudi après-midi pour assister à des pièces de théâtre ou des concerts de l'orchestre philharmonique. Nous traversions la ville en rang par deux, et nous avions honte lorsque nous croisions des garçons de notre âge. La séparation entre les sexes était très stricte, et commençait à être perçue comme absurde et rétrograde, à l'heure où la musique ne parlait que d'amour et de rencontres.

De 15 à 18 ans

Au terme de longues négociations, j'ai réussi à réintégrer le lycée mixte à condition que mes résultats s'améliorent. Après ces deux années, sans aucun lien avec mes anciens copains, tout était à reconstruire. Au lycée, beaucoup de choses avaient changé : le foyer était fermé, le bal de fin d'année et le ciné-club n'existaient plus. Mais je retrouvais enfin ma liberté !

Nous avions cours tous les jours, y compris le jeudi et le samedi matin. Je suivais une filière classique pour passer un bac philo : en terminale, la physique, la chimie et les sciences naturelles ont été remplacées par la philosophie, avec un renforcement en français et langues vivantes.

L'éruption de Mai 68 n'a pas été un coup de foudre dans un ciel serein : les signes annonciateurs se multipliaient. Les rapports d'autorité étaient de plus en plus contestés, voire ouvertement bafoués. Ainsi, dans mon lycée, les internes se sont révoltés. Le principal était entré dans le dortoir des filles pour rétablir l'ordre, et le lendemain, en signe de protestation, ces mêmes internes avaient entassé tables et chaise au milieu de la cour. Le principal a été séquestré deux jours dans son bureau, et n'en est sorti que grâce à l'intervention du préfet.

Quand les jupes ne sont pas mini, elles se doivent d'être très longues.

Affiches pour la campagne de François Mitterrand en 1965.

Élections présidentielles en France, les 5 et 19 décembre 1965

La campagne menée pour ces élections présidentielles révèle l'importance de la télévision. Après la modification du mode de scrutin en 1962, de Gaulle a moins de chance d'être élu dès le premier tour. Cependant, sûr de son fait, il n'annonce sa candidature que tardivement, et renonce d'abord à utiliser le temps de parole qui lui est imparti à la télévision. Il changera d'avis en voyant sa popularité chuter dans les sondages.

Face à lui, François Mitterrand entre en lice en septembre 1965, sans solliciter l'avis des grands partis de la gauche parlementaire. Il obtient rapidement le soutien de la plupart des partis de gauche, tandis qu'il est un des rares à vouloir inclure les communistes dans cette alliance. Le député de la Nièvre, alors âgé de quarante-neuf ans, ancien ministre de la IVe République, devient ainsi le candidat unique de toute la gauche. Opposant de la première heure au général de Gaulle et pourfendeur des institutions de la Ve République (notamment dans son livre Le Coup d'État permanent), il mène une campagne vigoureuse et se présente comme « un président jeune pour une France moderne ». Malgré sa défaite, le prestige de Mitterrand est d'avoir contraint le général, réputé invincible, à un second tour. La domination de celui-ci devient alors moins nette, les soubresauts de Mai 68 ne sont pas loin.

De 15 à 18 ans

L'heure du service militaire a sonné...

Argent de poche et premiers emplois salariés

Nous n'avions pas d'argent de poche. Nous devions systématiquement demander de l'argent à nos parents, même pour les dépenses les plus courantes. La plupart d'entre nous considéraient cette démarche comme humiliante car elle créait une relation de dépendance, précisément à un moment où nous voulions nous affirmer, où tout – la musique, les vêtements, la politique – commençait à nous séparer de nos aînés. Beaucoup de jeunes, dès seize ans, essayaient de s'affranchir de cette situation en travaillant.

À l'âge de dix-sept ans, j'ai travaillé dans une usine de disques : je mettais des 45 tours en pochette. Nous étions payés au rendement. Nous pouvions faire des heures supplémentaires, et je quittais souvent l'usine vers minuit, après une quinzaine d'heures de travail.

Une usine de pressage de disques.

La naissance de la mini-jupe

C'est dans l'Angleterre des années soixante que la mini-jupe fait son apparition, avant de conquérir la France. Le premier modèle est commercialisé en 1962 dans une boutique de King's Road, dans le quartier de Chelsea à Londres. Elle a été imaginée par Mary Quant, une jeune styliste de mode autodidacte, qui l'avait d'abord créée pour elle-même, puis pour ses amies.

Dans cette période où le corps de la femme est encore très contrôlé (la pilule contraceptive ne sera autorisée en France qu'en 1967 avec la loi Neuwirth), la mini-jupe est un symbole d'indépendance très fort.

Entre 1962 et 1964, le couturier français André Courrèges tente à plusieurs reprises de l'imposer – en vain. C'est dans sa collection été de 1965 qu'il en présente pour la première fois plusieurs modèles haute couture, qui sont qualifiés par la presse de « révolutionnaires ». Courrèges, qui veut faire de la mini-jupe une tenue « jeune », crée des modèles avec des ailes sur les côtés, appelés « jupes trapèze ».

Plusieurs couturiers de l'époque, comme Coco Chanel, s'insurgent contre l'image que Courrèges donne des femmes. Parallèlement, le développement du prêt-à-porter permet aux femmes et aux adolescentes de s'approprier les mini-jupes à des prix modérés. Son succès inaugure l'ère des collants – jusqu'alors destinés aux danseuses – et sonne le glas des bas et des porte-jarretelles. En 1966, Jacques Dutronc célèbre cette révolution vestimentaire dans sa chanson « Mini, Mini, Mini ».

La mini-jupe dans le swinging London.

De 15 à 18 ans

Jean-Paul Belmondo et Anna Karina.

Pierrot le fou *de Jean-Luc Godard*

Quand il s'atèle à la préparation de Pierrot le fou, *Jean-Luc Godard a déjà réalisé neuf films en l'espace de six ans. Depuis* À bout de souffle, *qui a posé en 1959 les bases de son œuvre, l'ancien critique des* Cahiers du cinéma *s'est affirmé comme un cinéaste prolifique, enchaînant les projets les plus divers. Du drame de guerre* Les Carabiniers *au pamphlet futuriste* Alphaville *en passant par la comédie* Une femme est une femme *et la tragédie amoureuse* Le Mépris, *Godard a revisité de nombreux genres à sa manière, profondément iconoclaste. Ce film clôt une période, et il s'en dégage une fièvre et une passion qui marqueront des générations.*

À sa sortie en novembre 1965, Pierrot le fou *est sanctionné par une interdiction aux spectateurs âgés de moins de dix-huit ans, pour cause d'anarchisme intellectuel et moral. S'il divise la critique, il est vigoureusement défendu par plusieurs personnalités, parmi lesquelles Louis Aragon, qui lui consacre un article enflammé dans* Les Lettres françaises *: « L'art d'aujourd'hui, c'est Jean-Luc Godard. » Malgré un échec public relatif, il acquiert vite le statut de « film culte » bien au-delà des frontières françaises. Bertolucci, Scorsese et bien d'autres se réclameront de son influence, impressionnés par sa liberté narrative et ses innombrables audaces formelles.*

Jim Morrison en 1960.

Joan Baez en 1966.

Une explosion musicale

C'est à l'aube des années soixante-dix que j'ai découvert les Beatles, les Rolling Stones, les Doors avec « Light my fire ». Puis Joan Baez et Bob Dylan. C'était une époque d'une incroyable richesse musicale. La chanson française, plus classique, était submergée par la vague anglo-saxonne. Lors des boums, nous écoutions en boucle « Rain and Tears » des Aphrodites's child, « A Whiter Shade of Pale » des Procol Harum, ou « Sound of silence » de Simon and Garfunfel.

En 1963, près de la moitié des jeunes âgés de quinze à vingt ans lisent le magazine *Salut les copains*. Selon une enquête de l'époque, ce phénomène concerne « tous les milieux sociaux ». C'est la revue de la « génération yéyé ». Le magazine publie des reportages détaillés sur les faits et gestes des jeunes chanteurs français (Johnny Hallyday, Sylvie Vartan, Françoise Hardy, Sheila, Claude François…), mais aussi, bien que plus rarement, sur des chanteurs américains et anglais, à l'exception notable des Beatles et des Rolling Stones.

1968, c'est aussi les JO de Grenoble !

Le bac en 1968, et le destin inespéré des « miraculés »

À l'approche de mai 1968, la contestation grondait dans le lycée et l'autorité du principal comme des enseignants s'est vue fortement remise en cause. Le 10 mai, des cars sont venus de Paris pour chercher les lycéens de province. Dès le lendemain le lycée s'est mis en grève, pour ne rouvrir que trois semaines plus tard. Dans cette ville ouvrière, les syndicats appelaient à la grève et aux manifestations. Tout était bloqué. Le temps semblait figé.

Puisqu'il n'y avait plus cours, nous attendions chez nous la confirmation de la tenue des épreuves du bac et nous révisions sans conviction. Il faisait très beau en ce mois de mai. Les rumeurs allaient bon train : le bac n'aurait pas lieu, il n'y aurait presque pas d'épreuves écrites... Nous avons fini par recevoir notre convocation : toutes les épreuves seraient orales.

Celles-ci se sont déroulées dans une ambiance bon enfant. Les examinateurs jouaient le jeu de l'épreuve, mais moins celui de la notation : un certain nombre de têtes de classe, de « forts en thème », ont eu leur bac de justesse.

Pourtant en 1968, le taux de réussite au bac a été de 80 %, contre 60 % les années précédentes. Une étude publiée en 2005 a montré que cet assouplissement des épreuves avait permis à des élèves issus des classes moyennes et populaires d'accéder à l'université, ce qui était rarement le cas à l'époque, et d'obtenir des diplômes de l'enseignement supérieur. Bénéfice transmis à leurs enfants, qui ont moins redoublé que leurs camarades et ont poursuivi vers des études supérieures. Toujours selon cette étude, ces « miraculés de mai » ont par la suite connu un meilleur parcours professionnel et perçu des salaires supérieurs aux étudiants nés un an plus tôt ou plus tard, qui n'avaient pas eu la chance de se trouver au bon endroit, au bon moment.

Mes camarades et moi avons vécu 1968 comme une réelle rupture. La jeunesse prenait le pouvoir. Nous nous opposions aux valeurs traditionnelles véhiculées par les « vieux ». Il y avait une impression de fête permanente, des réunions informelles de jeunes dans la rue, nous refaisions le monde à l'image de nos rêves. Les cheveux des garçons s'allongeaient, les pantalons étaient serrés sur les cuisses et dégageaient les chaussures, les blousons se portaient courts. Les filles avaient aussi des cheveux longs, et les jupes se raccourcissaient jusqu'au-dessus des genoux… Et nous avions l'avenir devant nous.

Fumeur de pipe parisien et soixante-huitard.

À la fin des années soixante, pour beaucoup de jeunes, l'ambiance est à la fête.

De 15 à 18 ans

Souvenez-vous de vos **premières années...**

Nous, les enfants de...

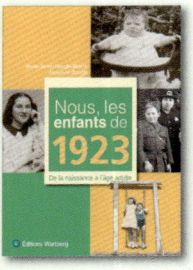 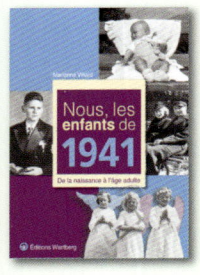 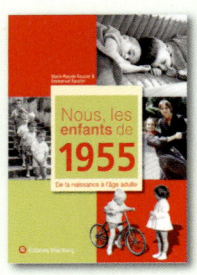  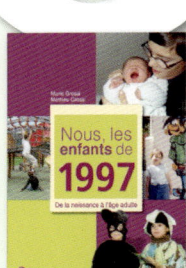

75 titres, **de 1923 à 1997**, sont **déjà disponibles !**

Grandir à... / Notre enfance

Retrouvez la région ou **la ville** qui vous a vu grandir.

Hier et aujourd'hui

Laissez-vous entraîner dans le **passé...**

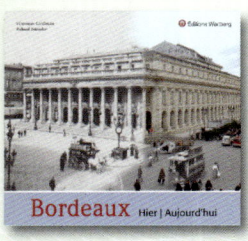   

De nombreux autres titres sont en préparation. Pour plus d'informations, retrouvez-nous sur notre site : www.editions-wartberg.com

Éditions Wartberg | Un département de Wartberg Verlag GmbH & Co. KG. Im Wiesental 1 34281 Gudensberg-Gleichen Allemagne

Diffusion – Distribution SOFEDIS 11, rue Soufflot, 75005 Paris Tél. 01.53.10.25.25, Fax 01.53.10.25.26